LES PETITS FAIT MAISON

RECETTES FAITES À LA MAISON

PLANCHES À PARTAGER

SOIZIC CHOMEL DE VARAGNES

Photographies : Nicolas Lobbestaël
Stylisme : Soizic Chomel de Varagnes

SOMMAIRE

INTRODUCTION 8

MODE D'EMPLOI 11

- Le matériel et les indispensables 12
- Conseils et dressage 14
- Les conseils du fromager 16

PRINTEMPS

P. 18
PLANCHE 1 : APÉRO, AU JARDIN

P. 20
GRESSINS AU FROMAGE ET RILLETTES DE CHORIZO

P. 22
FRITES D'ASPERGES AUX CACAHUÈTES ET À LA MENTHE

P. 24
DIP AUX TOMATES SÉCHÉES ET RICOTTA

P. 26
PLANCHE 2 : APÉRO, SOUS L'ARBRE

P. 28
MAKIS DE CONCOMBRE AU HOUMOUS DE CAROTTES

P. 30
DIP D'ŒUF AIL ET FINES HERBES

P. 32
DIP D'ÉDAMAMES

ÉTÉ

P. 36
PLANCHE 3 : APÉRO, SUR LES GALETS

P. 38
FRICASSÉE DE COQUILLAGES CROUSTILLANTS

P. 40
RILLETTES DE SURIMI ET CHIPS DE SARRASIN

P. 42
DIP DE PETITS POIS AU HADDOCK

P. 44
PLANCHE 4 : APÉRO, ESTIVAL

P. 46
RONDELLES DE MAÏS GRILLÉ ET DIP À LA FETA

P. 48
PISSALADIÈRE REVISITÉE

P. 50
RILLETTES DE POULET ET HOUMOUS DE COURGETTES

P. 52
DIP DE FÈVES ET TAPENADE MULTICOLORE

AUTOMNE

P. 56
PLANCHE 5 :
APÉRO, HALTE EN FORÊT

P. 58
TERRINE DE FOIES ET PICKLES

P. 60
DIP DE HARICOTS BLANCS AU BACON
ET SIROP D'ÉRABLE

P. 62
FLATBREAD DE CHOU-FLEUR
ET BROCOLI, HOUMOUS D'ÉPINARDS

P. 64
PLANCHE 6 :
APÉRO, CAMPAGNE

P. 66
DIP DE POIS CASSÉS
À L' ANGUILLE FUMÉE

P. 68
CIGARES AU KALE, POMME, NOIX
ET MONT-D'OR

P. 70
DIP DE CHÂTAIGNES

HIVER

P. 74
PLANCHE 7 :
APÉRO, COCOONING

P. 76
GUACAMOLE CROQUANT

P. 78
HOUMOUS DE BUTTERNUT,
CACAHUÈTES ET ÉPICES

P. 80
CROQUETTES DE MORBIER
AU JAMBON CRU

P. 82
PLANCHE 8 :
APÉRO, FESTIF

P. 84
GRAVLAX DE CABILLAUD
AU SARRASIN

P. 86
RILLETTES DE SAUMON
AU FURIKAKE

P. 88
LABNÉ, PANACHÉ D'HERBES

INTRODUCTION

Aimant beaucoup recevoir, confectionner des petites recettes gourmandes pour l'apéro est un plaisir que j'aime partager. J'en profite pour accommoder des restes et confectionner des dips selon l'humeur et la saison. Ces recettes font quasiment partie de mes réalisations hebdomadaires et, en plus, elles évitent le gaspillage !

Il m'a aussi semblé intéressant de repenser notre manière de présenter nos apéros ! Nous avons pour habitude de les dresser dans une multitude de petits bols, de plats divers et variés. Or, le concept des planches à partager m'a beaucoup inspirée. En réunissant ces zakouskis sur une même planche, l'impact visuel avant de grignoter apporte un effet «waouh» encore plus alléchant !

C'est à partir de ces deux constats que j'ai conçu ce livre. Ma première envie : vous donner de nouvelles idées d'associations de saveurs pour transformer vos apéros, grâce à des réalisations très simples et rapides. Mais je l'ai pensé surtout pour vous donner envie : envie de goûter, envie de recevoir et de partager quelle que soit l'occasion et la saison.

Que ce soit dans votre jardin, sur votre terrasse, en bord de mer, à la campagne ou en mode cocooning pendant les périodes de grisaille, il y en a ici pour tous les goûts et pour chaque saison.

Car, bien sûr, l'important dans la réalisation de vos recettes et la composition de vos planches est de faire honneur aux produits de saison !

En tant qu'inconditionnelle de fromages, je vous propose également les conseils du fromager pour les consommer aux meilleurs moments de l'année.

MODE D'EMPLOI

LE MATÉRIEL ET LES INDISPENSABLES

CONSEILS ET DRESSAGE

LES CONSEILS DU FROMAGER

LE MATÉRIEL ET LES INDISPENSABLES

LE MATÉRIEL

Comme vous pourrez le constater, le matériel nécessaire pour réaliser de belles planches apéro est assez restreint.

Il vous faudra de préférence une grande planche à découper, ronde, carrée ou rectangulaire. Vous pouvez aussi jouer avec plusieurs planches de tailles moyennes ou, comme moi, opter pour de grands plateaux : cela permet de varier les plaisirs !

Vous aurez également besoin :

- de jolis bols pour présenter les dips,
- de petites cuillères ou d'un petit couteau type couteau à beurre,
- d'un bon couteau pour découper la charcuterie (sauf si vous êtes végétarien) et les fromages qui viendront agrémenter votre planche,
- d'un robot mixeur,
- d'un pilon et d'un mortier,
- d'un four,
- d'une étamine, ou d'un tissu fin (type mousseline carrée ou compresse) pour réaliser le labné.

LES INDISPENSABLES

L'élément primordial : vos convives ! Rien de mieux que la famille, les amis ou des collègues pour partager ces planches conviviales, gourmandes et généreuses.

Il vous faudra aussi un peu de temps devant vous, notamment pour réaliser certaines recettes qui nécessitent une cuisson, ainsi que pour la taille des légumes et des fruits qui composeront votre planche.

Pour terminer sur les indispensables, pensez à garnir vos placards d'épices et de condiments qui sortent des sentiers battus. Dans ce livre, vous serez amenés à cuisiner avec le zaatar, les graines de nigelle, de fenugrec, de moutarde... ou encore la chapelure panko. Vous pourrez trouver ces épices sur des sites en ligne spécialisés, dans des boutiques d'épices du monde, bio ou dans des épiceries asiatiques pour la chapelure panko.

Voici une adresse coup de cœur à retenir : les boutiques ou le site web de M. Roellinger. Son zaatar et son gomasio breton sont un pur régal !

CONSEILS ET DRESSAGE

CONSEILS

Préparez vos dips à l'avance (dans la mesure du possible) pour laisser les parfums des épices infuser vos préparations. Vous goûterez et rectifierez l'assaisonnement si nécessaire avant de servir.

L'important dans la conception de vos planches est la variété. En plus des dips, prévoyez :

- des légumes et des fruits de saison, taillés dans des formes différentes (rondelles, biseaux, demi-lunes, quartiers, bâtonnets…) ;
- des oléagineux et fruits secs (amandes, noisettes, pistaches, dattes, chips de pommes…) ;
- des crackers (crostinis, pain azyme, gressins, crackers aux graines …) ;
- un assortiment de pains (pain aux graines, pain noir, pain aux farines variées, pain suédois, pain d'épice…) ;
- des fromages (voir page ci-contre) ;
- de la charcuterie (lomo, cecina de bœuf, saucisson, viande de grison, filet mignon séché…) ;
- Vous pouvez bien évidemment adapter ce principe et enlever les deux derniers points si vous êtes végétarien ou vegan.

N'oubliez pas les petits plus : olives, cornichons, oignons grelots, ail doux, piments, pâte de coings, cœurs d'artichauts marinés, lupins, œufs de truite…

En hiver, optez pour des pommes de terre ou des légumes-racines, que vous ferez rôtir au four pour vos accompagnements.

Vous pouvez aussi commander des ficelles chez votre boulanger, les couper en tranches et les faire dorer dans une poêle avec un peu de beurre. Saupoudrez-les d'un peu de piment d'Espelette et dégustez avec le dip à l'œuf, ou bien le houmous de butternut.

DRESSAGE

Commencez par préparer vos dips dans des bols : au moins 2 par planche pour y tremper légumes, crackers etc.
Déposez les bols en premier sur la planche, de manière espacée.
Finissez la composition en disposant les accompagnements autour des bols, en prenant bien soin de mixer les couleurs et les types d'ingrédients.

Pour le plaisir des yeux, évitez simplement de mettre deux sortes de pains ou deux fromages côte à côte.

Il n'y a plus qu'à déguster ! Bon apéro !

LES CONSEILS DU FROMAGER

La saisonnalité des fromages fermiers, ou artisanaux, dépend du mode d'alimentation des animaux, de leur origine et du type de lait. Chaque saison donne ainsi une texture et un caractère particuliers aux fromages.

Le printemps et l'été sont propices aux fromages de chèvre et de brebis puisque les animaux évoluent en plein air et se nourrissent de l'herbe fraîche des champs.
Les fromages de vache sont également plus parfumés à cette période de l'année et moins expressifs l'hiver, quand les animaux sont dans les étables.
En revanche, certains fromages « de garde », comme le comté, pourront être également affinés en plein hiver. Un comté fabriqué en été sera parfait pour la dégustation 18 mois plus tard.

LES BONS ACCORDS

- fromage à croûte fleurie type camembert : pommes, poires, coings (automne) ;
- fromage à croûte lavée type maroilles : fruits jaunes (abricots, mirabelles) (été) ;
- pâte pressée cuite ou non cuite type comté : noix, amandes, pruneaux, dattes ;
- bleu et pâte persillée : figues, raisins ;
- chèvre : tous les fruits de saison du printemps à l'automne ;
- tomme de brebis : accord classique avec la pâte de coing ou la confiture de cerises noires ; accord original spécial à la fromagerie : le piment d'Espelette confit.

LES FROMAGES QUE VOUS RETROUVEREZ AU FIL DES PAGES

Le trèfle du Perche (p. 18-19) : fromage de chèvre fermier, qui peut se déguster frais ou demi-sec après quelques jours ou semaines d'affinage ; doux, caprin, onctueux.
Langres (p. 18-19) : fromage AOP de vache au lait cru à croûte lavée. À la fromagerie, il est frotté au marc de Bourgogne.
Tomme au foin (p. 26-27) : tomme fermière affinée sous vide avec du foin pour lui donner du caractère et une texture beurrée et onctueuse – Savoie.
Figou (p. 26-27) : fromage de chèvre frais qui cache un cœur de confiture de figues – Limousin
Bleu de chèvre des Yvelines (p. 36-37) : bleu acidulé bien persillé de la région parisienne, frais et gourmand.
Banon (p. 44-45) : fromage de chèvre AOP qui a la particularité d'être affiné dans une feuille de châtaigner. On le consomme au printemps, en été ou à l'automne – Alpes de Haute Provence.
Shropshire blue (p. 56-57) : bleu anglais cousin du stilton, à la couleur jaune particulière donnée par le roucou, fruit d'un arbuste d'Amérique du Sud ; présente une texture très beurrée – Nottinghamshire.
Pouligny Saint-Pierre (p. 56-57) : chèvre AOP, en forme de pyramide inspirée par le clocher de l'église de Pouligny-Saint-Pierre, avec un goût de noisette – Berry.
Beaufort (p. 64-65) : à la fromagerie, on sélectionne un beaufort d'alpage 2017, fabriqué l'été avec du lait de vaches qui sont en alpage au-dessus de 1 500 mètres – Savoie.
Mont-d'or (p. 64-65) : fromage de vache AOP, uniquement entre le 15 août et le 15 mars, et affiné pendant 21 jours minimum, cerclé d'épicéa – Jura.
Abondance fermier (p. 74-75) : fromage de vache AOP fruité et tendre – Haute Savoie.

PRINTEMPS

PLANCHE 1 : Apéro au jardin, p. 18
Pour 4 à 6 personnes

PLANCHE 2 : Apéro sous l'arbre, p. 26
Pour 4 à 6 personnes

GRESSINS AU FROMAGE
ET RILLETTES DE CHORIZO

POUR 16 GRESSINS

25 MIN DE PRÉPARATION
15 MIN DE REPOS
10 À 15 MIN DE CUISSON

FACILE
BON MARCHÉ

MATÉRIEL

Robot (pétrin et mixeur)
Grille
Papier cuisson
Film alimentaire

POUR LES GRESSINS : ½ gousse d'ail • 120 g de farine T55 • 45 g de beurre • 55 g de parmesan râpé • 2 cuil. à café d'origan séché • 1 cuil. à café bombée de cive hachée • 1 œuf • Sel, poivre **POUR LES RILLETTES :** 120 g de fuet de chorizo (ou chorizo classique) • 50 g de fromage de chèvre frais • 3 cuil. à soupe de coulis de tomates • 20 feuilles de basilic • 1 pincée de paprika

1 Préparez les gressins : épluchez la gousse d'ail, enlevez le germe et pressez-la. Mélangez tous les ingrédients, sauf l'œuf, dans le bol de votre robot. Pétrissez jusqu'à obtenir une pâte homogène. Ajoutez l'œuf et mélangez à nouveau. La pâte doit être lisse et pas trop collante. Si besoin, ajoutez un peu de farine. Formez une boule, filmez et placez 15 min au réfrigérateur.

2 Préchauffez le four à 200 °C (th. 6-7). Sortez la boule du réfrigérateur et divisez-la en 16 petites boules. Formez les gressins en roulant les petites boules sous le bout de vos doigts, sur un plan de travail légèrement fariné.

3 Placez sur une plaque de cuisson recouverte de papier cuisson. Enfournez pour 10 à 15 min. Sortez et laissez refroidir à plat sur une grille.

4 Préparez les rillettes : épluchez le fuet de chorizo et coupez-le en rondelles. Mélangez tous les ingrédients dans le bol du mixeur et mixez finement. Versez dans un bol et dégustez avec les gressins.

FRITES D'ASPERGES
AUX CACAHUÈTES ET À LA MENTHE

POUR 4 À 6 PERSONNES

15 MIN DE PRÉPARATION
15 MIN DE CUISSON

FACILE
BON MARCHÉ

MATÉRIEL

Mixeur
Papier cuisson

1 botte d'asperges vertes • 15 feuilles de menthe • 3 cuil. à soupe de cacahuètes • 3 cuil. à soupe de chapelure panko • Huile d'olive • Sel, poivre

1 Préchauffez le four à 180 °C (th. 6), en position chaleur tournante.

2 Cassez les pieds des asperges à environ 2-3 cm (cela vient tout seul). Retirez, avec la pointe d'un couteau, les petites écailles qui se trouvent sur la tige. Rincez-les et séchez-les.

3 Rincez, séchez et hachez finement les feuilles de menthe.Mixez finement les cacahuètes.

4 Dans une assiette creuse, versez la chapelure, la poudre de cacahuètes et la menthe. Ajoutez un peu de sel et de poivre. Mélangez.

5 Roulez les asperges dans de l'huile d'olive, puis dans la chapelure. Posez sur une plaque ou un plat, recouvert de papier cuisson. Enfournez pour 15 min environ, en fonction du four. Dégustez bien chaud.

CONSEIL
Si vous n'avez pas de chapelure panko, prenez de la chapelure classique, cela fonctionnera également très bien.

DIP AUX TOMATES SÉCHÉES
ET RICOTTA

POUR 1 BOL

5 MIN DE PRÉPARATION

FACILE
BON MARCHÉ

MATÉRIEL

Mixeur

30 feuilles de menthe • 1 gousse d'ail • 90 g de tomates séchées égouttées • 2 cuil. à soupe d'huile des tomates confites • 2 cuil. à café de sauce Worcestershire • 1 cuil. à café de cumin en poudre • 100 g de ricotta

1 Lavez les feuilles de menthe et séchez-les délicatement. Pelez l'ail.

2 Déposez tous les ingrédients dans le bol du mixeur et mixez jusqu'à obtenir une consistance homogène mais pas trop lisse.

3 Dégustez avec des crackers ou des tranches de pain aux graines légèrement toastées.

VARIANTE

Vous pouvez remplacer la menthe par du basilic.

CONSEIL

Si vous aimez l'ail, n'hésitez pas à ajouter une deuxième gousse.

imagine

MAKIS DE CONCOMBRE
AU HOUMOUS DE CAROTTES

POUR 15 PIÈCES

30 MIN DE PRÉPARATION
10 MIN DE CUISSON

FACILE
BON MARCHÉ

MATÉRIEL

Mixeur

POUR LE HOUMOUS DE CAROTTES : 100 g de carottes • 1 petite gousse d'ail • ¼ de cuil. à café de cumin • 50 g de pois chiches cuits • 1 cuil. à café de noix de coco en poudre • ½ cuil. à soupe de tahini (purée de sésame) • 1 cuil. à soupe d'eau chaude • 10 feuilles de menthe • Sel, poivre **POUR LES MAKIS :** 30 pousses d'épinards • 1 concombre Noa • 4 feuilles de riz (carrées de préférence) • Alfalfa ou autre graine germée **POUR LA SAUCE :** 3 cuil. à soupe de vinaigre de riz • 1 cuil. à soupe de mirin • 1 cuil. à soupe de sirop d'érable • 1 cuil. à soupe d'huile de sésame

1 Préparez le houmous : épluchez les carottes, coupez les extrémités et coupez-les en fines rondelles. Faites-les cuire dans une casserole d'eau salée. Piquez-les pour vérifier la cuisson. Égouttez-les et passez-les sous l'eau froide. Pelez l'ail.

2 Une fois les carottes refroidies, déposez tous les ingrédients du houmous dans le bol du mixeur et mixez jusqu'à obtenir une consistance lisse et homogène. Goûtez et rectifiez l'assaisonnement si nécessaire.

3 Préparez la sauce en mélangeant l'ensemble des ingrédients dans un bol.

4 Préparez les makis. Équeutez les pousses d'épinards, rincez-les et séchez-les. Lavez le concombre, ôtez les extrémités et coupez-le en fines lamelles à l'aide d'un économe.

5 Préparez l'ensemble des ingrédients sur le plan de travail. Mouillez 1 feuille de riz dans de l'eau froide, déposez-la sur une planche en bois et déposez 1 lamelle de concombre dessus.

6 Découpez la feuille de riz de la largeur du concombre et déposez un peu de houmous sur toute la longueur du concombre. Répartissez dessus 4 pousses d'épinards et de l'alfalfa. Roulez le maki, déposez-le dans un plat et répétez l'opération jusqu'à épuisement des ingrédients.

7 Dégustez bien frais avec la sauce.

VARIANTES

Remplacez les feuilles de menthe par de la coriandre, les pousses d'épinards par du chou chinois émincé ou des pousses de soja.

DIP ŒUF, AIL ET FINES HERBES

POUR 1 BOL

10 MIN DE CUISSON

FACILE
BON MARCHÉ

MATÉRIEL

Mixeur

3 œufs • 10 g d'oignon rouge • 75 g de fromage frais type St Môret® • 125 g de fromage ail et fines herbes • ¼ cuil. à café de zaatar • 10 brins de ciboulette • Sel, poivre **POUR LES TOPPINGS :** Dés d'oignon rouge • Ciboulette ciselée

1 Faites cuire les œufs 10 min dans de l'eau bouillante. Passez-les sous l'eau froide, écalez-les, puis coupez-les grossièrement.

2 Pendant que les œufs cuisent, épluchez et hachez finement l'oignon rouge (gardez-en un peu pour le topping).

3 Dans le bol du mixeur, déposez tous les ingrédients et mixez grossièrement.

4 Rincez, séchez et ciselez la ciboulette. Ajoutez-la au dip et mélangez intimement.

5 Versez dans un bol et déposez les toppings dessus.

VARIANTES

Si vous n'avez pas de zaatar, remplacez-le par un peu de cumin en poudre.
Si vous n'avez pas de robot mixeur ou si vous préférez les morceaux, écrasez les œufs à la fourchette et mélangez tous les ingrédients dans un bol.

DIP D'ÉDAMAMES

POUR 1 BOL

5 MIN DE PRÉPARATION
10-12 MIN DE CUISSON

FACILE
BON MARCHÉ

MATÉRIEL

Mixeur

100 g d'édamames écossés • 1 pincée de bicarbonate • 1 cuil. à café de miso blanc • 1 cuil. à café de sauce soja • 1 cuil. à soupe de vinaigre de riz • ¼ cuil. à café de gingembre en poudre • 2 cuil. à soupe d'eau chaude • Poivre
POUR LES TOPPINGS : Quelques édamames • Graines de lin brun • Sésame noir

1 Faites cuire les édamames 10 à 12 min dans une casserole d'eau avec le bicarbonate. Égouttez-les et passez-les sous l'eau froide.

2 Déposez l'ensemble des ingrédients dans le bol d'un mixeur et mixez jusqu'à obtenir une consistance lisse et homogène.

3 Dressez dans un bol et accompagnez de quelques édamames et de graines.

ÉTÉ

PLANCHE 3 : Apéro sur les galets, p. 36
Pour 6 personnes

PLANCHE 4 : Apéro estival, p. 44
Pour 8 à 10 personnes

FRICASSÉE DE COQUILLAGES CROUSTILLANTS

POUR 6 PERSONNES

15 MIN DE PRÉPARATION
15 MIN DE CUISSON

FACILE
RAISONNABLE

MATÉRIEL

Mixeur

300 g d'un mélange moules, coques et palourdes • 2 tranches de chorizo épaisses • 1 petit bouquet de persil plat • 1 belle échalote • Chapelure • 1 cuil. à soupe d'huile d'olive • Sel, poivre

1 Dans une poêle, déposez les coquillages et faites-les cuire quelques minutes pour qu'ils s'ouvrent.

2 Enlevez la peau du chorizo et coupez les tranches en tout petits dés. Rincez et séchez le persil. Ciselez-le finement. Épluchez et ciselez finement l'échalote.

3 Une fois les coquillages ouverts, égouttez-les. Essuyez la poêle avec un papier absorbant et faites chauffer l'huile d'olive avec l'échalote. Une fois l'échalote dorée, ajoutez le chorizo et la chapelure. Mélangez et laissez cuire 2 min. Ajoutez les coquillages, mélangez bien, salez, poivrez et ajoutez le persil. Poursuivez la cuisson 5 min, jusqu'à ce que les coquillages soient chauds.

4 Placez dans un bol et dégustez avec le reste de la planche.

RILLETTES DE SURIMI
ET CHIPS DE SARRASIN

POUR 1 BOL

10 MIN DE PRÉPARATION
10 MIN DE CUISSON

FACILE
BON MARCHÉ

MATÉRIEL

Mixeur

POUR LES RILLETTES DE SURIMI : 10 bâtonnets de surimi • 3 grosses cuil. à soupe de mayonnaise • 1 cuil. à café de moutarde forte • ½ cuil. à café de curry en poudre • ½ citron jaune • Sel **POUR LES CHIPS DE SARRASIN :** 3 galettes de sarrasin • 20 g de beurre • Fleur de sel **POUR LE TOPPING :** Ciboulette • 1 bâtonnet de surimi

1 Hachez au mixeur les bâtonnets de surimi et débarrassez dans un bol. Ajoutez la mayonnaise, un peu de sel, la moutarde et le curry. Mélangez. Coupez le citron et récupérez le jus. Ajoutez-le à la préparation et mélangez intimement.

2 Préparez les chips : coupez les galettes en lanières, puis grossièrement en morceaux. Faites-les revenir en deux ou trois fois dans une poêle avec le beurre. Salez à chaque fournée. Mélangez régulièrement : les morceaux doivent être dorés et croustillants. Débarrassez sur une assiette recouverte de papier absorbant.

3 Placez les rillettes dans un bol, ciselez un peu de ciboulette et hachez le bâtonnet de surimi dessus. Dégustez avec les chips de sarrasin.

VARIANTE

Pour changer de saveur, remplacez le curry par 8 petits cornichons hachés fins.

DIP DE PETITS POIS AU HADDOCK

POUR 1 BOL

10 MIN DE PRÉPARATION
15 MIN DE CUISSON

FACILE
RAISONNABLE

MATÉRIEL

Mixeur

200 g de petits pois écossés • 65 g de haddock • 10 cl de lait • 3 cuil. à soupe de lait de coco • 1 cuil. à café de raifort • 1 trait de jus de citron • 1 cuil. à soupe d'huile d'olive • Les feuilles de 5 tiges de coriandre • Sel
POUR LES TOPPINGS : Quelques petits pois • 1 petit morceau de haddock cuit

1 Faites cuire les petits pois 15 min dans une casserole d'eau salée. Une fois la cuisson terminée, égouttez-les et laissez-les refroidir dans un bol d'eau glacée.

2 Pochez le filet de haddock 10 min dans une casserole d'eau avec le lait.

3 Mettez de côté quelques petits pois et un morceau de haddock.

4 Dans le bol du mixeur, déposez le reste des ingrédients et mixez jusqu'à obtenir une consistance lisse et homogène. Goûtez et rectifiez l'assaisonnement.

5 Placez dans un bol, déposez les petits pois réservés dessus et émiettez le morceau de haddock.

RONDELLES DE MAÏS GRILLÉ
ET DIP À LA FETA

POUR 8 À 10 PERSONNES

10 MIN DE PRÉPARATION
15 MIN DE CUISSON

FACILE
BON MARCHÉ

MATÉRIEL

Barbecue
(ou voir Conseil)

2 épis de maïs • 1 échalote • 2 branches de basilic • 2 branches de coriandre • 2 branches de persil plat • 100 g de feta • 3 grosses cuil. à soupe de fromage à la grecque • ½ citron jaune (le jus) • 2 belles pincées de cumin en poudre • 2 belles pincées de coriandre en poudre • Sel, poivre

1 Coupez les épis de maïs en rondelles épaisses et faites-les griller au barbecue, jusqu'à ce qu'ils prennent une jolie couleur.

2 Épluchez l'échalote et ciselez-la finement. Rincez, séchez et ciselez finement les herbes.

3 Dans un bol, écrasez la feta à la fourchette. Ajoutez le fromage à la grecque, le jus de citron, les épices, les herbes, l'échalote, salez, poivrez et mélangez soigneusement.

4 Servez les rondelles de maïs avec le dip à la feta.

CONSEIL

Si vous n'avez pas de barbecue, faites griller les rondelles de maïs dans une poêle gril avec un peu de beurre ou passez-les au four.

PISSALADIÈRE REVISITÉE

POUR 8 À 10 PERSONNES

20 MIN DE PRÉPARATION
1 H 20 DE REPOS
40 MIN DE CUISSON

FACILE
BON MARCHÉ

MATÉRIEL

Robot (pétrin)
Rouleau à pâtisserie
Film alimentaire
Papier cuisson

460 g de farine • 7 g de levure déshydratée • 40 cl d'eau tiède • 4 cuil. à soupe d'huile d'olive + dressage • 1 cuil. soupe de thym séché • 1 cuil. à soupe d'origan séché • Poivre • 1 cuil. à café de sel **POUR LES TOPPINGS :** 4 petits oignons rouges • 1 noix de beurre • 1 grosse cuil. à soupe de sucre en poudre • 85 g d'olives noires dénoyautées • 1 petit chèvre frais

1 Préparez la pâte : dans le bol de votre robot (ou sur le plan de travail), versez la farine et mélangez avec la levure. Faites un puits et déposez l'eau, l'huile, les herbes et du poivre. Mélangez avec le pétrin puis ajoutez le sel et continuez de pétrir pendant 8 min. La pâte doit être lisse, élastique, mais pas collante. Ajoutez de la farine petit à petit si besoin.

2 Placez dans un saladier, filmez et laissez pousser 1 h dans un endroit chaud. Une fois que la pâte a doublé de volume, abaissez-la sur un plan de travail fariné avec votre poing. Reformez une boule, replacez dans le saladier et laissez pousser à nouveau 20 min.

3 Épluchez les oignons et émincez-les finement. Faites-les revenir 8 à 10 min avec le beurre et le sucre dans une poêle à feu moyen, en mélangeant fréquemment. Coupez les olives en rondelles.

4 Préchauffez le four à 200 °C (th. 6-7) sur chaleur classique. Déposez la pâte sur le plan de travail fariné et abaissez-la en rectangle d'une épaisseur de 0,5 à 1 cm (si vous aimez la pâte très épaisse). Badigeonnez la pâte généreusement avec de l'huile d'olive. Recouvrez d'oignons et d'olives.

5 Enfournez sur une plaque recouverte de papier cuisson pendant 30 min environ. La pâte doit avoir une jolie couleur dorée et être encore moelleuse.

6 Sortez la pissaladière du four, émiettez le fromage frais. Coupez en carrés et dégustez !

CONSEIL
Choisissez un chèvre frais de bonne qualité pour avoir un goût plus prononcé.

RILLETTES DE POULET
ET HOUMOUS DE COURGETTES

POUR 1 BOL

20 MIN DE PRÉPARATION
20 MIN DE CUISSON

FACILE
BON MARCHÉ

MATÉRIEL

Mixeur

POUR LES RILLETTES DE POULET : 300 g de filet de poulet • 1 noix de beurre • 1 belle échalote • 1 oignon nouveau • 4 branches de persil plat • 150 g de fromage ail et fines herbes • 2,5 cl de crème liquide • ½ citron (le jus) • ¼ de cuil. à café de paprika fumé • 1 petite cuil. à soupe de vinaigre de vin rouge • 1 cuil. à soupe de fromage à la grecque • ¼ de cuil. à café de zaatar • 1 cuil. à café de vinaigre de vin rouge • Feuilles de menthe ciselée
POUR LE HOUMOUS DE COURGETTES : 100 g de courgettes • 130 g de pois chiches cuits • ½ cuil. à soupe de tahini • 1 gousse d'ail pelée • 1 filet d'huile d'olive • Sel, poivre
POUR LES TOPPINGS : Paprika fumé • Cébette • Graines de sésame • Feuilles de basilic • 1 filet d'huile d'olive

1 Préparez les rillettes de poulet : faites cuire les filets de poulet dans une poêle 10 min avec le beurre. Une fois cuit et refroidi, hachez-le finement. Épluchez l'échalote et ciselez-la finement. Hachez finement l'oignon et le persil. Dans un bol, réunissez le poulet, le fromage et la crème. Mélangez, puis ajoutez le reste des ingrédients.

2 Préparez le houmous : lavez les courgettes, coupez les extrémités et coupez-les en petits dés, sans enlever la peau. Faites-les revenir dans une poêle avec l'huile d'olive. Salez, poivrez et laissez cuire 10 min à feu moyen. Une fois refroidies, déposez-les dans le bol du mixeur, ajoutez le reste des ingrédients et mixez jusqu'à obtenir une crème de consistance lisse et homogène.

3 Au moment de servir, parsemez les rillettes de poulet d'un peu de paprika fumé et de quelques rondelles de cébette. Ajoutez quelques feuilles de basilic, des graines de sésame et l'huile d'olive sur le houmous de courgettes.

DIP DE FÈVES ET TAPENADE
MULTICOLORE

POUR 1 BOL

15 MIN DE PRÉPARATION
5 MIN DE CUISSON

FACILE
BON MARCHÉ

MATÉRIEL

Mixeur
Mortier et pilon

POUR LE DIP DE FÈVES : 100 g de fèves congelées • ½ cuil. à café de graines de moutarde • ½ cuil. à café de graines de cumin • ½ cuil. à café de graines de fenugrec • ½ cuil. à soupe de ricotta • ½ cuil. à soupe de tahini (purée de sésame) • 3 tiges de basilic • Le jus de ½ citron • ½ cuil. à soupe d'huile de sésame • ½ cuil. à soupe de vinaigre de cidre
POUR LA TAPENADE : 2 belles gousses d'ail • 80 g d'olives vertes dénoyautées • 80 g d'olives noires dénoyautées • 20 g de tomates cerise séchées confites • 3 cuil. à soupe d'huile d'olive

1 Préparez le dip de fèves : faites cuire les fèves 5 min dans une casserole d'eau bouillante salée. Égouttez et faites refroidir dans un bol d'eau glacée. Égouttez à nouveau.

2 Dans une poêle, faites torréfier 3 min à feu moyen les graines, puis broyez-les dans un mortier.

3 Dans le bol du mixeur, déposez l'ensemble des ingrédients et mixez jusqu'à obtenir une consistance homogène.

4 Préparez la tapenade : épluchez les gousses d'ail, enlevez le germe et pressez-les. Égouttez et rincez les olives. Placez-les dans le bol du mixeur. Ajoutez le reste des ingrédients et mixez jusqu'à obtenir une consistance lisse et homogène. S'il reste encore des gros morceaux d'olives, ajoutez de l'huile d'olive doucement tout en mixant.

AUTOMNE

PLANCHE 5 : Apéro halte en forêt, p. 56
Pour 4 à 6 personnes

PLANCHE 6 : Apéro campagne, p. 64
Pour 4 personnes

TERRINE DE FOIES ET PICKLES

POUR 4 À 6 PERSONNES

25 MIN DE PRÉPARATION
1 H 20 DE CUISSON

FACILE
RAISONNABLE

MATÉRIEL

Terrine
Mixeur

POUR LA TERRINE : 1 oignon jaune • 1 noix de beurre • 1 cuil. à soupe de sucre en poudre • 85 g de noisettes du Piémont • 350 g de foies de volaille • 350 g d'échine de porc • 1 cuil. à soupe de vin rouge • 1 cuil. à café de sarriette • 1 cuil. à café de thym séché • 1 œuf • Barde (pour garnir la terrine) • Farine (pour luter la terrine) • Sel, poivre
POUR LES PICKLES D'OIGNONS : 2 petits oignons rouges (environ 100 g) • 15 cl d'eau • 50 g de vinaigre de vin rouge • 25 g de sucre semoule • ½ cuil. à café de coriandre en graines • ¼ de cuil. à café d'anis en graines • ¼ de cuil. à café de graines de cumin • 1 étoile de badiane
POUR LES PICKLES DE NAVETS : 325 g de navets • 230 g de petits navets (boule d'or) • 80 cl d'eau • 30 cl de vinaigre de vin blanc • 155 g de sucre • ½ cuil. à café de graines de moutarde • 1 cuil. à café de lamelles d'ail déshydratées • ½ cuil. à café de poivre blanc en grains

1 Préparez la terrine : préchauffez le four à 210 °C (th. 7). Épluchez l'oignon et ciselez-le finement. Faites-le dorer dans une poêle avec le beurre et le sucre, sur feu moyen, pour obtenir une jolie couleur dorée. Hachez grossièrement les noisettes. Hachez finement la moitié des foies et de l'échine au couteau. Mixez le reste des deux viandes. Dans un saladier, mélangez les viandes, hachées et en morceaux, ainsi que le reste des ingrédients. Répartissez la barde au fond et sur les côtés de la terrine. Versez le contenu du saladier, refermez avec le couvercle. Mélangez dans un bol un peu de farine et d'eau. Vous devez obtenir une pâte collante et souple. Lutez les bords de la terrine avec ce mélange, tout le long du couvercle. Placez au bain-marie pendant 1 h 20.

2 Pendant la cuisson de la terrine, préparer les pickles : épluchez les oignons et coupez-les en pétales. Portez à ébullition l'eau, le vinaigre et le sucre. Ajoutez les oignons dans la casserole, poursuivez l'ébullition 3 min. Stoppez le feu, ajoutez les aromates. Couvrez et laissez refroidir.

3 Faites de même avec les navets en les laissant cuire 10 min.

CONSEIL
Placez les pickles dans un pot stérilisé et conservez-les plusieurs semaines.

DIP DE HARICOTS BLANCS AU BACON
ET SIROP D'ÉRABLE

POUR 1 BOL

10 MIN DE PRÉPARATION
5 MIN DE CUISSON

FACILE
BON MARCHÉ

MATÉRIEL

Mixeur

8 tranches fines de poitrine fumée • 150 g de haricots blancs cuits • ¼ de cube de bouillon de volaille dissout dans 4 cl d'eau bouillante • 2 cuil. à café de sirop d'érable bio
POUR LES TOPPINGS : 1 trait de sirop d'érable • Quelques pluches de cerfeuil

1 Faites griller les tranches de poitrine dans une poêle bien chaude. Égouttez-les dans une assiette recouverte de papier absorbant. Une fois refroidies, coupez-les grossièrement en morceaux.

2 Égouttez les haricots et rincez-les. Placez-les dans le bol du mixeur.

3 Ajoutez le bouillon, le sirop d'érable et le bacon. Mixez finement, jusqu'à l'obtention d'une texture lisse et homogène.

4 Servez dans un bol et ajoutez les toppings.

FLATBREAD DE CHOU-FLEUR
ET BROCOLI, HOUMOUS D'ÉPINARDS

POUR 10-12 PIÈCES

15 MIN DE PRÉPARATION
20 MIN DE CUISSON

FACILE
BON MARCHÉ

MATÉRIEL

Mixeur
Grille
Plaque de four

250 g de chou-fleur • 100 g de brocoli • 70 g de poudre d'amandes • 2 œufs • 1 gousse d'ail pressée • 1 petite cuil. à soupe d'origan • ¼ cuil. à café de gingembre en poudre • 1 pincée de muscade • Sel, poivre
POUR LE HOUMOUS : 1,5 cuil. à soupe de tahini (purée de sésame) • 1 cuil. à café d'ail semoule • 1 cuil. à café de cumin en poudre • ½ cuil. à café de gingembre en poudre • 3 cuil. à soupe d'eau chaude • 1 cuil. à soupe de vinaigre de vin rouge • 50 g de pousses d'épinards • 210 g de pois chiches • 2 cuil. à soupe d'huile d'olive • Sel, poivre
POUR LES TOPPINGS : Quelques pois chiches • Quelques feuilles de menthe

1 Préchauffez le four à 200 °C (th. 6-7), en position chaleur classique. Rincez le chou-fleur et le brocoli, puis hachez-les au mixeur. Déposez-les dans un saladier. Ajoutez le reste des ingrédients, mélangez et versez le contenu sur une plaque recouverte de papier cuisson, sur une épaisseur de 0,5 cm environ.

2 Enfournez pour 20 min de cuisson. Laissez refroidir sur une grille puis coupez en grands rectangles.

3 Préparez le houmous d'épinards : dans un bol, mélangez soigneusement le tahini, l'ail, les épices, l'eau et le vinaigre. Rincez les pousses d'épinards. Versez dans le bol d'un mixeur la préparation précédente ainsi que le reste des ingrédients. Mixez jusqu'à obtenir une consistance lisse et homogène.

4 Versez dans un bol, déposez les pois chiches et les feuilles de menthe ciselées.

DIP DE POIS CASSÉS
À L'ANGUILLE FUMÉE

POUR 1 BOL

10 MIN DE PRÉPARATION
1 H 30 DE TREMPAGE
30 À 40 MIN DE CUISSON

FACILE
RAISONNABLE

MATÉRIEL

Mixeur

160 g de pois cassés secs • 20 g de filet d'anguille fumée • 1 pointe de couteau d'ail en poudre • 2 cuil. à soupe d'huile d'olive • Sel **POUR LES TOPPINGS :** 2 ou 3 olives noires dénoyautées • Huile d'olive • Poivre fumé ou classique • Cerfeuil

1 Faites tremper les pois cassés 1 h 30 dans un saladier d'eau.

2 Faites-les cuire ensuite selon les indications du paquet, égouttez-les et passez-les sous l'eau froide. Laissez refroidir.

3 Dans le bol du mixeur, versez l'ensemble des ingrédients et mixez jusqu'à obtenir une consistance lisse et homogène.

4 Hachez finement les olives noires.

5 Pour le dressage, versez le dip dans un bol, faites un tourbillon, parsemez d'un peu de poivre fumé, de morceaux d'olives, versez 1 filet d'huile d'olive et terminez avec quelques pluches de cerfeuil.

CONSEIL
Dégustez avec des gressins, des blinis ou des crostinis.

CIGARES AU KALE, POMME, NOIX ET MONT-D'OR

POUR 16 PIÈCES

30 MIN DE PRÉPARATION
30 MIN DE CUISSON

FACILE
RAISONNABLE

MATÉRIEL

Mixeur
Papier cuisson

100 g de feuilles de chou kale • ¼ d'oignon rouge • ¼ de pomme type Gala • 1 poignée de cerneaux de noix • 15 g de beurre • 1 cuil. à soupe de miel • 4 feuilles de brick • 1 mont-d'or • Sel, poivre **POUR LA DORURE :** Beurre fondu ou huile d'olive

1 Préchauffez le four à 180 °C (th. 6) sur chaleur tournante. Rincez les feuilles de chou, coupez la nervure centrale et hachez les feuilles. Ciselez finement l'oignon rouge et la pomme. Concassez les noix.

2 Dans une poêle, faites mousser le beurre et ajoutez les oignons rouges. Laissez colorer quelques minutes. Ajoutez le chou, la pomme, les noix et mélangez bien avec le miel. Salez, poivrez et poursuivez la cuisson 4 à 5 min sur feu moyen.

3 Déposez une feuille de brick sur le plan de travail. Coupez les extrémités arrondies pour obtenir un carré, puis coupez-le en 4. Répétez l'opération avec les autres feuilles. Vous devez obtenir 16 carrés. Sur chacun, déposez 1 cuil. à café de préparation sur la longueur d'un bord (laissez 0,5 cm vide à gauche et à droite), commencez à rouler, repliez les bords vers le centre et terminez de rouler. Badigeonnez d'un peu de beurre fondu ou d'huile d'olive. Placez les cigares sur une plaque recouverte de papier cuisson.

4 Enlevez le couvercle du mont d'or et placez-le sous le fromage. Enfournez pour 20 min. Au bout de 10 min, enfournez également les cigares.

5 Dégustez les cigares avec le mont-d'or bien chaud.

CONSEIL
Plantez quelques gousses d'ail pelées dans le mont-d'or avant de lancer la cuisson.

Mont d'Or

DIP DE CHÂTAIGNES

POUR 1 BOL

10 MIN DE PRÉPARATION
5 MIN DE CUISSON

FACILE
BON MARCHÉ

MATÉRIEL

Mixeur

1 belle échalote • 1 noisette de beurre • ¼ cuil. à café de sucre muscovado • 1 petite gousse d'ail • 145 g de marrons en bocal • ½ cuil. à café de moutarde à l'ancienne • 2 cuil. à soupe de fromage à la grecque • 1 cuil. à soupe de sirop d'érable
POUR LES TOPPINGS : Poivre • Graines de lin brun • Graines de courge

1 Épluchez l'échalote, émincez-la finement. Faites-la caraméliser dans une petite poêle pendant quelques minutes avec le beurre et le sucre.

2 Épluchez la gousse d'ail, dégermez-la et pressez-la.

3 Dans le bol du robot, versez l'ensemble des ingrédients et mixez jusqu'à obtenir une consistance lisse et homogène.

4 Déposez dans un bol, ajoutez un peu de poivre et quelques graines.

VARIANTES
Toastez légèrement les graines de courge. Vous pouvez également ajouter dans le dip quelques noix ou du jambon cru grillé et mixé finement.

HIVER

PLANCHE 7 : Apéro cocooning, p. 74
Pour 4 personnes

PLANCHE 8 : Apéro festif, p. 82
Pour 6 personnes

GUACAMOLE CROQUANT

POUR 1 BOL

15 MIN DE PRÉPARATION
25 MIN DE CUISSON

FACILE
BON MARCHÉ

MATÉRIEL

Papier cuisson
Plaque de four

POUR LE CROQUANT : 70 g de noix de cajou nature • ½ baby citron confit • 1 petite cuil. à café de harissa • 1,5 cuil. à café d'huile d'olive • 2,5 cuil. à soupe de sirop d'érable • ½ cuil. à café d'ail en poudre • ½ cuil. à café de cumin en poudre • ½ cuil. à café d'origan • Poivre • 50 g de flocons de quinoa • 15 g de graines sésame (noir/blanc/doré) • 20 g de graines de tournesol **POUR LE GUACAMOLE :** 2 avocats • 1 citron jaune (le jus) • ½ cuil. à café de cumin en poudre • ½ cuil. à café de gingembre en poudre • ½ oignon rouge • Sel, poivre

1 Préchauffez le four à 150 °C (th. 5). Concassez les noix de cajou. Hachez finement le citron jaune confit.

2 Dans un bol, réunissez la harissa, l'huile d'olive, le sirop d'érable, les poudres d'ail et de cumin, l'origan et le poivre. Mélangez bien.

3 Dans un saladier, versez les ingrédients secs et ajoutez le contenu du bol. Mélangez bien et versez sur une plaque recouverte de papier cuisson. Tassez pour obtenir une couche uniforme et peu épaisse. Enfournez pour 25 min. Mélangez à mi-cuisson.

4 Pendant ce temps, préparez le guacamole : récupérez la chair des avocats, écrasez-la dans un bol avec une fourchette. Versez le jus de citron, salez, ajoutez les épices et mélangez.

5 Épluchez l'oignon rouge et hachez-le finement. Versez dans le guacamole et mélangez. Salez et poivrez.

6 Sortez le croquant du four et laissez-le refroidir. Placez le guacamole dans un bol et répartissez dessus un peu de croquant. C'est prêt !

CONSEILS

Il va vous rester du croquant, conservez-le pendant 2 ou 3 semaines dans une boîte hermétique ou un pot en verre, à l'abri de la lumière. Vous pouvez également le déguster sur une salade verte ou une salade de tomates, suivant la saison.

HOUMOUS DE BUTTERNUT, CACAHUÈTES ET ÉPICES

POUR 1 BOL

10 MIN DE PRÉPARATION
20 MIN DE CUISSON

FACILE
BON MARCHÉ

MATÉRIEL

Pilon et mortier
Papier cuisson
Mixeur

½ cuil. à café de graines de coriandre • ½ cuil. à café de graines de cumin • 1 belle gousse d'ail • 150 g de chair de courge butternut crue • 160 g de pois chiches cuits • 1 cuil. à soupe de purée de cacahuètes (bio de préférence) • 4 cuil. à soupe d'eau chaude • 1 cuil. à soupe d'huile d'olive • Sel, poivre **POUR LES TOPPINGS :** Graines de grenade • Jeunes pousses

1 Préchauffez le four à 180 °C (th. 6), sur chaleur tournante.

2 Faites torréfier 2 ou 3 min, dans une petite poêle, les graines de coriandre et cumin. Versez dans un mortier et broyez bien les graines.

3 Pelez la gousse d'ail, retirez le germe et écrasez-la avec la lame de votre couteau.

4 Coupez la courge butternut en petits cubes et versez dans un saladier avec l'ail. Enrobez d'un peu d'huile d'olive, de sel et de poivre. Ajoutez les épices torréfiés et mélangez. Versez les morceaux sur une plaque recouverte de papier cuisson. Enfournez pour 20 min. Piquez pour vérifier la cuisson. Laissez tiédir.

5 Dans le bol du mixeur, déposez tous les ingrédients et mixez jusqu'à obtenir une consistance lisse et homogène.

6 Au moment de servir, versez le dip dans un bol, ajoutez quelques graines de grenade et quelques jeunes pousses. Poivrez si vous le souhaitez et dégustez avec des crackers.

CONSEIL

Vous pouvez ajouter un peu de feta émiettée sur le dessus au moment de servir.

CROQUETTES DE MORBIER
AU JAMBON CRU

POUR 22 PIÈCES

30 MIN DE PRÉPARATION
20 À 25 MIN DE CUISSON

FACILE
BON MARCHÉ

MATÉRIEL

Friteuse (ou une sauteuse)
Mixeur (ou un couteau)

35 g de chiffonnade de jambon cru • 3 cuil. à soupe de chapelure panko (ou classique) • 1 cuil. à soupe de mélange maître d'hôtel • Farine • 1 œuf • 70 g de morbier • 250 g d'écrasé de pommes de terre • Huile spéciale friture

1 Faites griller les tranches de jambon cru jusqu'à ce qu'elles prennent une belle couleur dorée. Débarrassez sur une feuille de papier absorbant. Laissez refroidir.

2 Mélangez dans une assiette creuse la chapelure et le mélange maître d'hôtel. Préparez, dans une autre assiette, la farine et, dans une dernière, battez l'œuf.

3 Coupez le morbier en cubes d'environ 1 cm de côté. Hachez finement le jambon cru au mixeur ou au couteau. Mélangez-le à l'écrasé de pommes de terre, salez et poivrez légèrement. Mélangez à nouveau.

4 Prenez 1 cuil. à café de purée de pommes de terre et formez une boule entre la paume de vos mains. Insérez au cœur 1 morceau de morbier et refermez la boule. Roulez-la dans la farine, puis l'œuf et enfin dans la chapelure. Réservez sur une assiette. Répétez l'opération jusqu'à épuisement des ingrédients.

5 Faites chauffer une friteuse ou une sauteuse avec de l'huile. Plongez 6 à 8 croquettes quelques minutes, jusqu'à ce qu'elles soient bien dorées, retirez et égouttez sur du papier absorbant. Répétez l'opération pour les croquettes restantes.

CONSEIL
Les croquettes peuvent être préparées à l'avance et réchauffées quelques minutes au four avant d'être dégustées.

GRAVLAX DE CABILLAUD AU SARRASIN

POUR 6 PERSONNES

10 MIN DE PRÉPARATION
2 MIN DE CUISSON
48 H DE REPOS

FACILE
BON MARCHÉ

MATÉRIEL

Pilon et mortier
Film alimentaire

300 g de dos de cabillaud • 1 cuil. à café de graines de nigelle • 1 cuil. à café de graines de coriandre • 40 g de sarrasin • ½ mini-citron confit • 2 cuil. à soupe de sucre muscovado • 4 cuil. à soupe sucre blanc • ½ cuil. à soupe de gros sel

1 Dans une poêle, sans matière grasse, faites torréfier 2 min à feu vif les graines de nigelle, de coriandre et le sarrasin.

2 Placez-les dans un mortier et écrasez au pilon. Hachez le citron confit. Dans un bol, mélangez les sucres, le sel, le mélange d'épices et le citron.

3 Sur un grand morceau de film alimentaire, déposez ⅓ de la préparation aromatique de la forme de votre dos de cabillaud. Placez le poisson dessus et répartissez de manière homogène le reste du mélange aromatique dessus et sur les côtés. Enveloppez le poisson hermétiquement dans le film en serrant bien. Placez dans une boîte avec un couvercle et placez pour 48 h au réfrigérateur.

4 Avant de servir, sortez le dos de cabillaud du film et coupez-le en lamelles, pour le déguster tel quel.

RILLETTES DE SAUMON
AU FURIKAKE

POUR 1 BOL

10 MIN DE PRÉPARATION
5 MIN DE CUISSON

FACILE
RAISONNABLE

MATÉRIEL

Mixeur
Bocal

150 g de saumon frais sans peau • 150 g de saumon fumé • 70 g de fromage frais type St Môret®
POUR LE FURIKAKE : 12 g de sésame blanc • 6 g de sésame noir • ½ cuil. à café de fleur de sel • ½ cuil. à café de sucre en poudre • 2 cuil. à soupe d'un mélange d'algues en paillettes déshydratées

1 Faites cuire le saumon frais 3 min dans une casserole d'eau bouillante. Égouttez et laissez refroidir.

2 Hachez la moitié du saumon fumé au couteau et réservez.

3 Dans le bol du mixeur, déposez le saumon cuit émietté, le restant de saumon fumé et le fromage frais. Mixez grossièrement, débarrassez et rincez le mixeur.

4 Préparez le mélange furikake : dans une poêle, sans matière grasse, faites torréfier les graines de sésame 2 min. Placez-les dans le mixeur avec le sel, le sucre et les algues. Mixez soigneusement. Débarrassez dans un bocal.

5 Dans un bol, mélangez le saumon mixé avec le reste du saumon fumé haché et ajoutez 1,5 cuil. à café du mélange furikake. Mélangez soigneusement et placez au réfrigérateur jusqu'au moment de déguster.

À SAVOIR
Le furikake se conserve plusieurs jours dans un bocal en verre à l'abri de la lumière.

LABNÉ, PANACHÉ D'HERBES

POUR 1 BOL

5 MIN DE PRÉPARATION
24 À 48 H DE REPOS

FACILE
RAISONNABLE

MATÉRIEL

Étamine
Passoire fine

250 g de yaourt de chèvre • 250 g de yaourt de brebis • Quelques feuilles de coriandre • Quelques feuilles de persil plat • Huile d'olive • Sel, poivre

1 Dans un saladier, versez les yaourts et mélangez.

2 Dans un second saladier, placez une passoire à trous fins, puis déposez l'étamine par-dessus. Versez les yaourts, refermez l'étamine pour former un pochon. Tournez en serrant légèrement, laissez sur la passoire et placez au réfrigérateur.

3 En fonction de votre goût, laissez reposer entre 24 h (moelleux) et 48 h (plus sec).

4 Juste avant de sortir le fromage du réfrigérateur, rincez, séchez et hachez les herbes.

5 Sortez le fromage de l'étamine, placez-le dans un bol, arrosez généreusement d'huile d'olive, saupoudrez d'un peu de sel et de poivre, puis d'herbes.

VARIANTES
À déguster agrémentée d'œufs de truite ou de saumon, ou bien d'éclats d'olives de Kalamata. Vous pouvez aussi varier les herbes : ciboulette, aneth, estragon (…), à adapter suivant l'accompagnement choisi !

LES PETITS
FAIT MAISON
RECETTES
TESTÉES À LA MAISON

RETROUVEZ LES AUTRES TITRES DANS LA MÊME COLLECTION

LES PETITS
FAIT MAISON
GRANOLAS & MUESLIS

LES PETITS
FAIT MAISON
MES CURES DÉTOX

LES PETITS
FAIT MAISON
BRUNCHS

LES PETITS
FAIT MAISON
TARTARES, CEVICHES & CARPACCIOS

LES PETITS
FAIT MAISON
TARTES SOLEIL & FEUILLETÉS APÉRO

LES PETITS
FAIT MAISON
CÂTEAUX NUAGE

LES PETITS
FAIT MAISON
RECETTES AU SOUP MAKER

LES PETITS
FAIT MAISON
BÛCHES ET GALETTES

LES PETITS
FAIT MAISON
TARTES SAPIN ET APÉROS DE FÊTES

REMERCIEMENTS

Merci à Damien et Clara, de la fromagerie Beau & Fort, pour leur accompagnement tout au long du projet.
Merci Olivier pour tes conseils et belles découvertes !
Retrouvez toute l'équipe de Beau & Fort au 37 rue du Faubourg Montmartre – Paris 9e.

Merci à tous nos mannequins : Rozenn, Aurélie, Maud, Magali, Emma, Julien, Patrick, Gabin, Alexandre, Augustin.

Merci Gabrielle pour ta disponibilité et ton temps.

Merci à tous ceux qui nous ont ouvert leur porte pour réaliser ces magnifiques photos ! Ainsi qu'à celles et ceux qui ont goûté et donné leur avis, tout au long de la réalisation de ce livre.

Merci Nico pour cette belle aventure un peu partout en France, tes idées, ton aide et tes belles images. Grâce à ce projet, nous avons passé de très bons moments en famille et avec nos amis. MERCI !

Et merci à l'équipe d'Hachette Pratique pour avoir cru en mon projet.

Pour l'éditeur, le principe est d'utiliser des papiers composés de fibres naturelles, renouvelables, recyclables et fabriqués à partir de bois issus de forêts qui adoptent un système d'aménagement durable. En outre, l'éditeur attend de ses fournisseurs de papier qu'ils s'inscrivent dans une démarche de certification environnementale reconnue.

Direction : Catherine Saunier-Talec
Responsable éditoriale : Céline Le Lamer
Responsable de projet : Anne Vallet
Réalisation intérieure : Les Paoistes
Correction : Charlotte Buch-Müller
Fabrication : Amélie Latsch
Responsable partenariats : Sophie Morier (smorier@hachette-livre.fr)

Dépôt légal : avril 2019
64-1827-2/01
ISBN : 978-2-01-704274-7
Imprimé en Espagne par Cayfosa

PAPIER À BASE DE FIBRES CERTIFIÉES

hachette PRATIQUE s'engage pour l'environnement en réduisant l'empreinte carbone de ses livres. Celle de cet exemplaire est de :
800 g éq. CO_2
Rendez-vous sur www.hachette-durable.fr